Inhalt

Kernenergie - Uneiniges Europa

Kernthesen

Beitrag

Fallbeispiele

Zahlen und Fakten

Weiterführende Literatur

Impressum

Kernenergie - Uneiniges Europa

Anja Schneider

Kernthesen

- Deutschland erzeugt seinen Strom zu 22 Prozent aus der Kernenergie, die erneuerbaren Energien liegen bei 16,5 Prozent.
- Jedes der 27 EU-Mitgliedsstaaten entscheidet selbst über seinen Energiemix.
- Frankreich, Spanien, Großbritannien, Polen oder Tschechien stellen Atomstrom nicht grundsätzlich in Frage, Österreich lehnt ihn ab, Deutschland fährt einen Zick-Zack-Kurs.
- Atomstrom erlebt weltweit eine Renaissance.

Beitrag

Japan entzündet Kernkraftdiskussion in Deutschland und Europa

Deutschland erzeugt seinen Strom derzeit zu über 22 Prozent aus der Kernenergie. Diese rangiert damit gleich hinter der Braunkohle. Die erneuerbaren Energien Wind, Biomasse, Wasserkraft und Sonne liegen bei mittlerweile 16,5 Prozent. [Abb. 1] Dieser Energiemix soll sich ändern. Doch es gibt keine Einigkeit, wie die Zukunft der deutschen Energieversorgung nach Fukushima konkret aussehen soll. Noch diskutieren alle Beteiligten, zitieren Umfragen und Statistiken, legen Konzepte vor und kritisieren die Vorschläge der Gegner. Bundeskanzlerin Merkel hat den Ausstieg aus dem Atomausstieg zumindest vorübergehend auf Eis gelegt und jüngst mit Umweltminister Norbert Röttgen (CDU) und Wirtschaftsminister Rainer Brüderle (FDP) einen Sechspunkteplan zum Ausbau der Erneuerbaren Energien vorgelegt. Die deutschen Energieversorger setzen sich gegen einen schnellen Atomausstieg zur Wehr, Umweltverbände und Grüne wollen den sofortigen oder zumindest schnellen

Atomausstieg, keine neuen Kohlekraftwerke, dafür mehr Energieeffizienz und damit einen niedrigeren Energieverbrauch. (1)

Europas Energiekommissar in Brüssel ist Günther Oettinger. Auch er hat ein schönes Konzept, wie die Energieversorgung Europas im Jahre 2020 aussehen soll. Von einem Ausstieg Europas aus der Kernenergie ist darin nicht die Rede. Über seinen Energiemix entscheidet jedes der 27 EU-Mitgliedsstaaten in Eigenregie. Die Meinungen und Interessen über Atomstrom sind unterschiedlich, Frankreich, Spanien, Großbritannien, Polen oder Tschechien stellen ihn nicht grundsätzlich in Frage, Österreich lehnt ihn ab, Deutschland zeigt sich wankelmütig. Auch in puncto Kohlekraftwerke sind sich die Länder uneins. Der grenzüberschreitende Ausbau der Hochspannungsleitungen ist nicht jedermanns Sache (vor allem nicht die der energieversorgenden Platzhirsche), und bei der Kostenübernahme schreit keiner freiwillig Hurra. In Frankreich stehen 58 Meiler, in Großbritannien 19, in Deutschland 17, Schweden 10, Spanien 8, Belgien 7, Tschechien 6, Finnland 4, Ungarn 4, der Slowakei 4, Bulgarien 2, Rumänien 2, Slowenien 1 und den Niederlanden 1. Italien und Polen planen neue Anlagen. Wegbegleiter für einen raschen Ausstieg aus der Atomenergie wird Deutschland in absehbarer Zeit nur sehr wenige finden. (2), (3)

Keine Einigkeit in Europa

Österreich hat der Kernenergie eine klare Absage erteilt. Das Land hat einen Atommeiler, der allerdings ist niemals in Betrieb gegangen, weil er nie fertig gestellt wurde und auch nicht werden soll.

Italien manövriert hin und her. Vor über zwanzig Jahren bereits hatten die Italiener angesichts Tschernobyl den Ausstieg aus der Kernkraft beschlossen. Die vier Kernkraftwerke Latina, Trino Vercellese, Caorso und Garigliano wurden stillgelegt. Mitte 2009 wurde dieser Beschluss rückgängig gemacht. Der Wunsch nach energiepolitischer Unabhängigkeit hatte gesiegt. Die Regierung Berlusconi will ab 2030 sogar rund ein Viertel des landesweiten Strombedarfs durch europäische Druckwasserreaktoren decken. Fukushima hat nun immerhin dazu geführt, dass die italienische Regierung ihre Pläne zum Bau neuer Kernkraftwerke für ein Jahr außer Kraft gesetzt hat. Für den 12. Juni ist eine Volksabstimmung über die Rückkehr zur Kernenergie anberaumt. (4), (5)

Frankreich gilt in Europa und weltweit als das Nuklearland Nummer Eins. Seit 1971 setzen die Franzosen auf Atomstrom. Seither wurden 58 Kernkraftwerke an 19 Standorten gebaut, 34 davon sind jetzt dreißig Jahre alt. Sie liefern drei Viertel des

in Frankreich verbrauchten Stroms. Mit seiner Atomstrategie hat das rohstoffarme Frankreich eine hohe energiepolitische Unabhängigkeit gewonnen, dazu eine makellose CO_2-Bilanz und einen relativ niedrigen Strompreis - nur 11,43 Cent zahlen französische Privathaushalte pro Kilowattstunde, in Deutschland sind es im Schnitt 22,38 Cent. Der Energiekonzern EDF ist mit 74 installierten Reaktoren der weltweit größte Betreiber und damit der größte Produzent von Atomstrom. Der Reaktorbauer Areva baut die meisten Atomanlagen. - 96 Anlagen weltweit, das bedeutet 20 Prozent des Weltmarkts.
[Abb. 2]
Schätzungsweise 200 000 Personen beschäftigt die französische Atomindustrie. (6), (7)

Polen deckt seinen Energiebedarf bisher zu rund 90 Prozent über Kohlekraftwerke. Bis 2014 soll ein erstes Atomkraftwerk hinzu kommen. Angesichts Fukushima sei Polen zwar betroffen, sehr sensibilisiert und werde umso mehr auf die Sicherheitsvorgaben achten, doch ein Verzicht auf das Bauvorhaben steht nicht zur Diskussion. (8)

Bulgarien bereitet ebenfalls den Bau eines Atommeilers vor - im als erdbebengefährdet eingestuften Belene. Und in der **Slowakei** werden ebenfalls Bauprojekte vorangetrieben.

Spanien hätte bei der Energiegewinnung durch Erneuerbare eine komfortable Position. Im März war die Windkraft erstmals die wichtigste Quelle im spanischen Strommix. Sie deckte rund 21 Prozent der Stromnachfrage in Spanien. Dahinter rangierten Kernkraft (19 Prozent), Wasserkraft und Gas (je 17 Prozent) und Kohle (13 Prozent). Doch der spanischen Regierung kommen die erneuerbaren Energien zu teuer. Vor wenigen Monaten hat sie die Laufzeiten der Atomkraftwerke verlängert. (9)

Großbritannien setzt ebenfalls auf die Kernenergie, weil sie aufgrund ihres geringen CO_2-Ausstoßes als klimafreundlich gilt. Die Briten setzen sich nämlich gegen die Schmutzschleudern Kohlekraftwerke zu Wehr. Der Beschluss, jetzt neue Kernkraftwerke zu bauen, fiel erst vor kurzem. (10)

In der **Schweiz** stehen fünf Atommeiler. Im Dezember haben die drei Schweizer Unternehmen Axpo, Alpiq und die BKW FMB Energie angekündigt, zwei neue Kernkraftwerke errichten zu wollen. Allerdings soll zuvor noch eine Volksabstimmung über den Atomkurs der Schweiz stehen, diese wurde schon vor der Reaktorkatastrophe in Japan geplant. (11)

Bisher haben die EU-Staaten nur in einem Punkt Einigkeit erzielt: Ihre bestehenden 143 Atomkraftwerke sollen einem Sicherheitstest unterzogen werden. Dabei sollen die Risiken aller Anlagen bei Naturkatastrophen wie Erdbeben, Hochwasser oder auch einem Terrorangriff neu bewertet werden. Ein konkreter Plan über Umfang, Kriterien, Zeitpunkt und Folgen dieser Überprüfung besteht bislang nicht. Deutschlands erneuter abrupter Kurswechsel bei der Kernenergie stößt bei den europäischen Nachbarregierungen weitgehend auf Kopfschütteln.

Trends

International kein Kurswechsel in Sicht

Es bleibt auch nach Fukushima dabei: die globale Renaissance der Kernkraft geht weiter. **China** hat 13 Reaktoren am Laufen und 25 weitere werden gebaut. Auch **Indien** baut einen Meiler. **Russland** hat angekündigt, sein Atomstromprogramm unbeirrt fortzusetzen. **Korea** plant bis zum Jahr 2022 den Bau von 22 neuen Kernkraftwerken. In den **USA** gibt es derzeit 65 Atommeiler, sie decken ungefähr zwanzig Prozent des US-Strombedarfs. Seit es 1979 im Kraftwerk Three Mile Island zu einer partiellen Kernschmelze kam, wurden in den USA keine neuen Meiler mehr in Betrieb genommen. Doch Präsident Obama wollte auch die Kernkraft wieder aufleben lassen und reservierte in seinem Haushaltsentwurf für das kommende Jahr 36 Milliarden Dollar für Kreditgarantien zum Bau von bis zu 20 neuen Meilern. Zwar verzögern sich die geplanten Projekte, weil die bisher geltenden Sicherheitsbestimmungen überprüft werden, doch ein konsequenter Baustopp ist nicht in Sicht. (7)

Fallbeispiele

Störfall

Tschernobyl und Fukushima kennt jetzt jeder, Three Mile Island dürfte zumindest den Amerikanern im Gedächtnis sein. Doch es gab sehr viel mehr Störfälle in Kernkraftwerken. Allerdings erlangten sie nicht so viel Berühmtheit. Die Hitliste der Störfälle führt das Kernkraftwerk Temelin nahe der tschechischen Grenze an. 130 Störfälle wurden von diesem zehn Jahre alten Meiler bislang gemeldet, vor vier Jahren liefen 2 000 Liter radioaktives Wasser aus. Neben Temelin zählen die Meiler in Leibstadt und Fessenheim zu den gefährlichsten Kernkraftwerken in Europa. In Leibstadt war 1995 austretender Wasserstoff explodiert, 2007 gab es drei Störfälle der Stufe 1, im vergangenen Jahr einen der Stufe 2, bei dem ein Mitarbeiter verstrahlt wurde. Fessenheim verzeichnete 2010 drei Störfälle der Stufe 1. 1969 und

1980 kam es in Saint-Laurent bei Orléans zu zwei Störfällen, 1999 drohte in Blayais bei Bordeaux wegen einer Überflutung eine Kernschmelze. 2008 trat aus der Wiederaufbereitungsanlage in Tricastin in Südfrankreich Radioaktivität aus. (13), (7)

Ausstieg

Die Anti-Atomkraft-Bewegung in Deutschland ist stark. Doch auch in vielen anderen Ländern gibt es seit langem vehemente Bewegungen, die den Ausstieg aus dieser Energieform fordern. Dank Fukushima finden sie jetzt mehr Gehör. In Frankreich gibt es neben den Grünen beispielsweise Sortir du nucléaire, der Rat der Stadt Straßburg hat sich jetzt für eine Stilllegung des benachbarten Kernkraftwerks Fessenheim ausgesprochen, einer Umfrage des Meinungsforschungsinstituts Ifop zufolge hätten acht von zehn Franzosen gern, dass der Anteil der Atomkraft in den kommenden zwanzig bis dreißig Jahren zugunsten anderer Energiequellen sinkt, knapp drei Viertel der Befragten (73 Prozent) waren davon überzeugt, dass dies möglich wäre - und 56 Prozent sehen die vielen Atomkraftwerke in ihrem Land mit Unbehagen, der Chef der französischen Atomaufsicht schloss nicht aus, auf der Reaktorbaustelle in Flamanville Pausen einzulegen, um Lehren aus Fukushima zu bedenken, die

sozialistische Partei (PS) fordert die Prüfung des Schutzes vor Flutereignissen, Flugzeugabstürzen und Terrorattacken und Frankreichs Grüne fordern ein Referendum. Doch dass Frankreich grundsätzlich von seinem Atomkraftkurs abweicht, ist höchst unwahrscheinlich. In der Schweiz kämpft Menschenstrom gegen Atom, Tras ist ein Trinationaler Atomschutzverband, in dem sich Gemeinden in Deutschland, Frankreich und der Schweiz organisiert haben.
Und selbst in Japan gibt es schon seit Jahren eine Anti-Atomkraft-Bewegung. Greenaction Japan kämpft seit 30 Jahren für ein atomkraftfreies Japan, rund um die Meiler setzen sich Aktivisten für einen Ausstieg aus der Atomkraft ein, es gibt seit Jahren Proteste, Demonstrationen und Klagen. (13), (14), (6), (15), (16)

Umstieg

Die Münchner **Siemens AG** steigt aus der Kernkraft aus - allerdings steigt sie nur beim bisherigen französischen Joint-Venture Partner Areva aus und dafür eventuell beim russischen Partner Rosatom ein. Bei Vertragsunterzeichnung freute man sich noch über die rosigen Geschäftsaussichten, die die geplanten neuen rund 400 Kernkraftwerke mit sich brächten. (12)

Zahlen & Fakten

Abbildung 1:

Energieträger	in Prozent
Braunkohle	23,70
Kernenergie	22,60
Steinkohle	18,70
Erneuerbare Energien	16,50
	Windkraft 5,80
	Biomasse 4,60
	Wasserkraft* 3,20
	Photovoltaik 1,90
Erdgas	13,60
Mineralölprodukte	1,20
Sonstige	3,70

* Erzeugung in Lauf- und Speicherwasserkraftwerken sowie Erzeugung aus natürlichem Zufluss in Pumpspeicherkraftwerken.

Quelle: Statistik der Kohlenwirtschaft, AG Energiebilanzen, Bundesministerium für Wirtschaft und Technologie (BMWi), Bundesverband deutsche Energie- und Wasserwirtschaft (BDEW),

Statistisches Bundesamt (Destatis)

Entnommen aus: Die Welt, 26.02.2011, S. 2 (17)

Abbildung 2: Die größten Reaktorbauer und die größten Betreiber

Die größten Reaktorbauer	
Anzahl der gebauten Reaktoren weltweit	
Areva, Frankreich	96
Rosatom, Russland	68
General Electric/Hitachi, USA/Japan	64
Kepco, Südkorea	20
Mitsubishi Heavy Industries, Japan	19
Die größten Betreiber	
Anzahl der installierten Reaktoren weltweit*	
EDF, Frankreich	73
Atomenergoprom, Russland	32
Kepco, Südkorea	20
Exelon, USA	17
Tepco, Japan	17
NNEGC**, Russland	15
Eon, Deutschland	9
RWE, Deutschland	5

* Anlagen, in denen die Konzerne Mehrheitseigentümer sind
** National Nuclear Energy Generation Company

Weiterführende Literatur

(1) Nach dem Moratorium // Bürger würden höhere Strompreise dulden - Merkel lädt zum Energiegipfel
aus APA

(2) Gespaltene Gemeinschaft
aus Süddeutsche Zeitung, 13.04.2011, Ausgabe München, Bayern, Deutschland, S. 33

(3) Experten überprüfen alle 143 Reaktoren in der EU
aus Bonner General-Anzeiger, 22.03.2011, S. 4

(4) Italien legt Neubaupläne auf Eis
aus energate vom 29.03.2011

(5) Kernkraft-Moratorium auch in Italien
aus www.powernews.org Meldung vom 23.03.2011 - 14:10

(6) FRANKREICH. Atomnation. Wie kein anderes Land nutzt Frankreich die Kernkraft. Aber die Nuklearindustrie verliert Renommee
aus www.powernews.org Meldung vom 23.03.2011 - 14:10

(7) Havarie in Peking
aus Süddeutsche Zeitung, 18.03.2011, Ausgabe Deutschland, S. 22

(8) Tusk: Polen in Atomfrage sensibilisiert - Keine Absage an AKW
aus APA-JOURNAL Emerging Europe vom 08.04.2011

(9) Wind dominiert spanische Erzeugung
aus www.powernews.org Meldung vom 06.04.2011 - 14:29

(10) energate-Hintergrund: Atomkraft nach Japan
aus energate vom 18.03.2011

(11) Aarau bleibt bei der Kernkraft
aus energate vom 23.03.2011

(12) Siemens und Areva vollziehen Trennung
aus www.powernews.org Meldung vom 11.04.2011 - 12:19

(13) Gefährliche Nähe
aus Frankfurter Rundschau vom 14.04.2011, Seite 20

(14) Straßburg fordert Aus für AKW Fessenheim
aus energate vom 13.04.2011

(15) Franzosen gegen Atomkraft - PARIS.Die als Atomkraftfans bekannten Franzosen sind einer...
aus Thüringer Allgemeine vom 06.04.11 Seite TCPL306

(16) Der geringste Widerstand
aus Süddeutsche Zeitung, 18.03.2011, Ausgabe München, Bayern, Deutschland, S. 3

(17) D, International: Energieträger zur Stromgewinnung

aus Die Welt, 26.02.2011, S. 2

Impressum

Kernenergie - Uneiniges Europa

Bibliografische Information der deutschen Nationalbibliothek

Die Deutsche Nationalbibliothek verzeichnet diese Publikation in der deutschen Nationalbibliografie; detaillierte bibliografische Daten sind im Internet über http://dnb.d-nb.de abrufbar.

ISBN: 978-3-7379-2372-9

© 2015 GBI-Genios Deutsche Wirtschaftsdatenbank GmbH, Freischützstraße 96, 81927 München, www.genios.de

Alle Rechte vorbehalten. Dieses Werk ist einschließlich aller seiner Teile – z.b. Texte, Tabellen und Grafiken - urheberrechtlich geschützt. Jede Verwertung außerhalb der Grenzen des Urheberrechtsgesetzes bedarf der vorherigen Zustimmung des Verlags. Dies gilt insbesondere auch für auszugsweise Nachdrucke, fotomechanische Vervielfältigungen (Fotokopie/Mikroskopie), Übersetzungen, Auswertungen durch Datenbanken oder ähnliche Einrichtungen und die Einspeicherung und Verarbeitung in elektronischen Systemen.